Le langage

Associez chaque citation à l'explication qui lui correspond.

Choisissez un sujet bac et construisez le plan de votre dissertation en y associant, si possible, certaines des citations et des explications reprises ci-dessus.

INTRODUCTION

Le langage est traditionnellement considéré comme le propre de l'homme. Pourtant les animaux ne communiquent-ils pas, eux aussi ? Pour saisir de quoi il est question quand on parle du langage, il convient de procéder à quelques clarifications :

- le **langage**, pris dans son sens le plus large, désigne un **système de signes qui permet de communiquer**. Les animaux possèdent donc un langage. Le paon, par exemple, séduit un partenaire en faisant la roue. C'est aussi en ce sens que
- l'on parle de langage informatique ou de langage des fleurs. Lorsqu'on évoque le langage humain, le terme désigne plus spécifiquement la faculté physicopsychique de parler ;
- la **langue** est l'instrument de communication propre aux hommes. C'est un **code qui organise des symboles verbaux** selon des règles (grammaticales, orthographiques, etc.) stables ;
- la **parole** est un **acte**, celui par lequel un individu exerce sa faculté de parler. Pour ce faire, il doit utiliser une langue. **Parler, c'est s'approprier une langue**. Un perroquet qui répète un mot ne parle pas, il se contente de produire des sons organisés.

Il est important, d'une part, de définir la spécificité du langage humain, d'autre part, d'interroger le rapport de la langue avec :

- le monde qu'elle désigne ;
- le sujet qui s'exprime par elle ;
- autrui qui écoute et entre en communication avec le sujet à travers elle.

Enfin, si la langue est un code institué et contraignant puisqu'il obéit à des règles, quel est son fonctionnement, que permet-il et à quoi fait-il obstacle ?

<u>Niveaux de lecture :</u>

*** : incontournable

** : à ne pas négliger

* : pour approfondir

APPROCHES DE LA NOTION

LANGAGE ANIMAL ET LANGAGE HUMAIN

L'existence d'un langage animal **

En un sens très large, on dit qu'**il y a langage dès lors qu'il y a communication**, c'est-à-dire transfert d'informations. Les animaux (mais aussi les plantes ou d'autres organismes vivants comme les microbes) émettent des sons ou adoptent certains comportements qui modifient l'attitude de celui qui en est le témoin : il y a alors transmission d'une information entre un émetteur (celui qui envoie un message) et un récepteur (celui qui le reçoit) via un canal qui peut être auditif, visuel, olfactif, etc. C'est ce schème qu'on appelle « communication ».

Mais la communication, si rudimentaire soit-elle, ne se réduit pas à ce schème. Elle suppose en outre l'**utilisation d'un code commun**, c'est-à-dire d'un ensemble de règles partagées. À partir de là, on peut considérer qu'à priori la communication n'a lieu qu'entre un émetteur et un récepteur de la même espèce.

Le code est parfois extrêmement simple. L'épinoche (un poisson), par exemple, se contente, lors de sa parade nuptiale, de mettre en évidence devant une femelle la tache rouge qu'il a sur le ventre. D'autres fois, le code est d'une extraordinaire complexité, comme le montre **Karl von Frisch** (1886-1982) dans sa célèbre étude parue en 1953 : *Vie et Mœurs des abeilles*.

Ce naturaliste allemand s'est intéressé à la danse des abeilles qui reviennent à la ruche avec leur butin de nectar et de pollen. Cette danse est de deux sortes :

- soit l'abeille exécute des cercles parallèlement au sol. Cette figure indique que le pollen ou le nectar se trouve à proximité de la ruche ;
- soit elle trace des figures semblables au chiffre 8 dont l'axe présente une inclinaison variable par rapport au soleil. Cette danse est effectuée si le butin se situe entre cent mètres et six kilomètres de la ruche, la forme de la figure et son inclinaison variant selon la distance et l'orientation du butin.

Il est donc clair que **le code des abeilles est symbolique** : leur danse représente quelque chose en vertu d'une analogie. Cependant, malgré sa complexité, il est très rigide, puisqu'il ne permet d'indiquer qu'une seule chose : comment se rendre à l'endroit où se trouve le butin.

À partir de cet exemple, on peut inférer une autre caractéristique du langage animal : c'est **un moyen au service de finalités biologiques**. Son objet est extérieur à la communication elle-même. Il s'agit d'entrer en contact pour se reproduire, se nourrir ou survivre à un prédateur.

Le langage est le propre de l'homme ***

Dans l'*Apologie de Raymond Sebond* (1580), **Michel de Montaigne** (1533-1592) tend à rapprocher l'homme de l'animal en soulignant le **caractère naturel du langage humain** et en l'accordant ainsi aux bêtes. **René Descartes**

(1596-1650), pour sa part, affirme que **le langage humain** se distingue du langage animal, car il **témoigne d'une faculté de penser propre à l'homme**.

On dit souvent que Descartes réduit les animaux à des machines. Pour lui, les actions des animaux leur sont dictées par leurs passions (faim, soif, peur, etc.), tout comme les actions des machines résultent inéluctablement de l'activation d'une manivelle ou d'un bouton. Il reconnait, malgré tout, que certains animaux font preuve de finesse et sont parfois susceptibles d'être éduqués, comme la pie à qui l'on enseigne de dire bonjour quand sa maitresse arrive. Il affirme à ce propos qu'il en va de même chez les bêtes et chez les hommes : au sein d'une même espèce, certains individus sont plus ou moins aptes à l'apprentissage. Mais ce que refuse Descartes, c'est de dire que les comportements animaux de communication nécessitent la pensée. Il suffit, selon lui, que les animaux éprouvent des passions ou des désirs pour réaliser ces performances.

Inversement, il affirme que le langage des hommes est le signe certain d'une pensée : il s'agit là de la vraie différence entre les hommes et les bêtes (citation 1). Seuls les hommes sont capables d'inventer des signes et de les utiliser de manière illimitée : le langage humain peut s'adapter à n'importe quelle situation et les réponses peuvent varier à l'infini.

L'origine du langage humain **

Le langage animal sert à remplir des finalités biologiques. Mais qu'en est-il du langage humain ? Pourquoi l'homme parle-t-il ?

C'est la question à laquelle tente de répondre **Jean-Jacques Rousseau** (1712-1778) dans son *Essai sur l'origine des langues* (1781). Le philosophe refuse l'idée que le langage humain tel qu'il s'exprime par la langue ait été inventé par les hommes afin de satisfaire des fins pratiques : pour assouvir ses besoins physiques ou faire des outils, il n'est pas nécessaire de parler, il suffit de montrer ou de crier. En revanche, **pour exprimer ses sentiments, il faut disposer d'expressions figurées** (des « tropes », dit Rousseau). L'homme, après avoir reconnu l'autre comme un autre soi-même, a voulu lui faire part de ses passions. C'est pour cette raison qu'il s'est mis à parler (citation 2).

ROUSSEAU AUJOURD'HUI

Les approches archéologiques contemporaines ne semblent pas invalider la théorie rousseauiste. Le langage est apparu vers 30 000 av. J.-C. alors que les hommes savaient déjà se transmettre des techniques et des outils.

Ce qui apparait avec la langue, c'est **la symbolisation et la conceptualisation**, le fait d'utiliser des symboles et de se représenter les choses. La langue sort l'homme de l'animalité en l'inscrivant dans une sphère autre, celle de la culture.

Le fonctionnement du langage humain ***

Pour comprendre comment fonctionne le langage humain constitué dans la langue, **Ferdinand de Saussure** (1857-1913) met en œuvre une approche scientifique des faits de langage. Il est l'inventeur de la linguistique.

> ### LA LINGUISTIQUE
>
> Au début du XXe siècle, on assiste à la naissance d'une nouvelle science, **la linguistique**. Celle-ci entend étudier scientifiquement la langue, c'est-à-dire la comprendre dans l'absolu, indépendamment de sa mise en pratique par la prise de parole d'un sujet.

Selon Saussure, la langue est constituée de signes qui associent deux éléments indissociables :

- **le signifiant**, c'est-à-dire la partie formelle d'un mot (par exemple, le signifiant du mot *oiseau* est l'ensemble des sons ou des phonèmes qui le constituent) ;
- **le signifié**, soit le sens d'un mot, le concept auquel il renvoie (par exemple, le signifié du mot *oiseau* est « vertébré ovipare couvert de plumes »).

Le linguiste affirme que **le signe linguistique est arbitraire**. Autrement dit, le lien qui unit le signifiant et le signifié n'est pas naturel : par exemple, au signifié *oiseau*, on peut associer sans raison apparente le signifiant [oiseau] (français) comme le signifiant [*bird*] (anglais). Alors que chez les abeilles l'inclinaison de l'axe de la forme 8 représente ou symbolise la direction à prendre, les mots ne représentent pas les objets ou les concepts qu'ils signifient. Ils se contentent de les désigner. Cependant, si le lien entre signifiant et signifié apparait comme librement choisi, **le signe n'est pas libre, c'est-à-dire qu'il ne peut pas être modifié** (citation 3). En effet, l'immuabilité du signe est la condition nécessaire à son partage, au caractère commun du code.

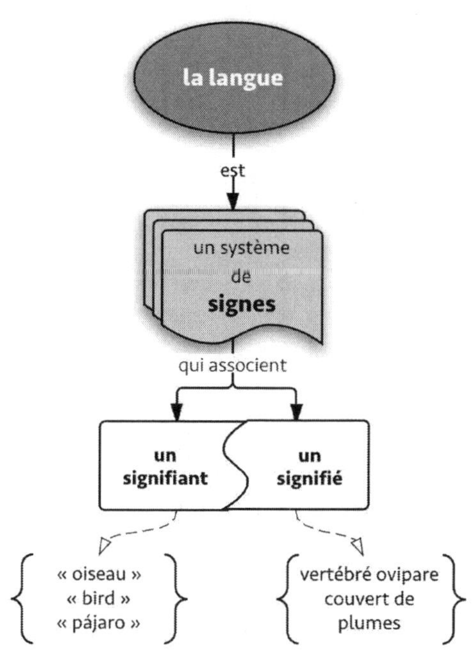

Émile Benveniste (1902-1976) a par la suite critiqué la théorie saussurienne : à ses yeux, signifiant et signifié ne sont pas liés de manière arbitraire : dans la conscience de l'homme, le signifié *oiseau* correspond forcément au signifiant [oiseau]. Les deux ont été élaborés simultanément dans l'esprit et ne peuvent donc être dissociés. Ce qui est arbitraire, c'est le fait que tel signe puisse être appliqué à tel objet réel.

Ces deux positions se situent dans le prolongement d'une querelle datant de l'Antiquité et que **Platon** (427-347 av. J.-C.) a mise en scène dans le *Cratyle* à travers un dialogue entre deux personnages.

Ajoutons enfin que, dans le langage humain, les signes n'ont de sens que les uns par rapport aux autres : **la langue est un système** qui fonctionne comme un jeu d'échecs où un mot n'a de valeur que par rapport à un autre mot. C'est pour cette raison que les combinaisons sont multipliables à l'infini et avec elles le nombre de messages possibles.

LANGUE, CULTURE ET SOCIÉTÉ

La langue comme organisation du réel **

L'ethnologie a montré depuis longtemps que **les coutumes et les croyances qui structurent une société sont inscrites dans sa langue** ou, réciproquement, que la langue d'une société donnée véhicule certaines idées et conceptions du monde qui sont à l'origine du mode de penser particulier de cette société.

L'ETHNOLOGIE

L'**ethnologie** est l'étude de la structure sociale et économique des ethnies, de leur langue et de leur culture. Elle est introduite en France comme une branche des sciences humaines, au même titre que la philosophie ou la sociologie au début du XXe siècle par Claude Lévi-

Pour le linguiste **André Martinet** (1908-1999), il est faux de penser qu'une **langue** reproduit une réalité qui s'ordonne avant elle. Il s'agit plutôt d'une **organisation ou d'une reconstruction de la réalité**, chaque langue opérant cette reconstruction de façon différente (citation 4). Par exemple, alors que le spectre solaire est continu dans la réalité, la plupart des Occidentaux distinguent sept couleurs allant du violet au rouge, tandis qu'une tribu de Nouvelle-Guinée, les Danis, ne dispose que de deux termes pour désigner les couleurs, une pour les couleurs chaudes et claires, l'autre pour les couleurs sombres et froides. Pourtant, il semble que les Danis reconnaissent à peu près les couleurs de la même façon que nous.

Ainsi, la langue partagée par une société permet la communication en ce qu'elle offre une première mise en forme commune de la réalité. Cette disposition n'est pas pour autant un voile masquant la réalité ou une structure indépassable qui rendrait la communication entre les sociétés impossible.

La querelle des mots *

Certains philosophes de l'âge classique pensaient toutefois que la plupart des disputes et même des guerres étaient liées au fait que l'on ne s'entendait pas sur le sens des mots. C'est le cas des empiristes anglais, notamment de **John Locke** (1632-1704).

Locke affirme, dans son *Essai sur l'entendement humain* (1690), qu'**il suffirait de s'accorder sur les définitions de tous les mots pour mettre un terme à toute querelle**. Il appelle de ses vœux la création d'**une langue universelle** conforme à la langue parfaite parlée par Adam au commencement de l'humanité. Cette langue universelle ne compterait aucune ambigüité lexicale (relative au vocabulaire), ni aucun flottement sémantique (relatif au sens), ce qui conduirait à la paix entre tous les hommes.

Cette conception peut paraitre un peu naïve aujourd'hui. Cependant, elle s'inscrit dans toute une tradition qui critique les dangers des langues en raison du pouvoir des mots.

Le pouvoir des mots **

Le pouvoir des mots n'est pas contenu dans les mots eux-mêmes. Il se réalise dans l'expérience de la parole, autrement dit dans l'association des mots. Quand celle-ci est réussie, le discours peut parvenir à emporter l'adhésion de l'auditeur : il le persuade. Dès lors, **c'est dans la persuasion que réside le pouvoir des mots**.

Dès l'Antiquité, on s'est inquiété du pouvoir de persuasion des mots. La critique la plus célèbre vient de **Platon** qui, dans plusieurs dialogues, met en scène Socrate (470-399 av. J.-C.), son maitre, s'opposant aux sophistes, qu'il accuse de chercher à convaincre à l'aide de discours fallacieux, séduisants ou flatteurs. C'est le cas dans le *Gorgias* :

- le sophiste Gorgias explique que la rhétorique (ensemble des règles et des procédés constituant l'art de bien parler), grâce à son pouvoir de persuasion, peut être très utile : il affirme qu'elle lui permet notamment d'aider son frère médecin en persuadant les patients réfractaires de prendre des remèdes, ce qui leur sauve la vie ;
- certes, répond Socrate, mais le sophiste peut tout aussi bien convaincre le patient du contraire. **Le danger de la rhétorique, c'est qu'elle peut persuader du juste comme de l'injuste**. Pour illustrer son propos, Socrate propose une analogie : l'éloquence est à la justice ce que la gastronomie est à la médecine. Il faut comprendre que la rhétorique est un substitut flatteur et plaisant à la justice, c'est pourquoi elle est dangereuse. Dès lors, **Platon enjoint les hommes à toujours rechercher la vérité**, autrement dit à toujours distinguer ce qui est juste de ce qui ne l'est pas.

LANGAGE ET PENSÉE

L'antériorité de la pensée sur le langage ***

La conception commune du lien entre langage et pensée veut que cette dernière soit antérieure au langage : **la pensée précèderait son expression par la mise en mots**. Le langage est alors souvent défini comme le vêtement de la pensée, ou bien comme sa copie. Ce point de vue repose sur la croyance selon laquelle la pensée peut s'élaborer indépendamment de toute matérialisation ou symbolisation dans les mots.

Le langage ne serait donc qu'un instrument ou un outil permettant de communiquer ses pensées. Il s'agit d'une **conception instrumentale du langage**. Celle-ci se retrouvait déjà dans l'Antiquité chez Platon, pour qui le langage n'est que l'instrument d'une pensée préexistante et identique aux choses, ou chez Aristote (384-322 av. J.-C.) qui pense que les sons émis par la voix sont les symboles des états de l'âme.

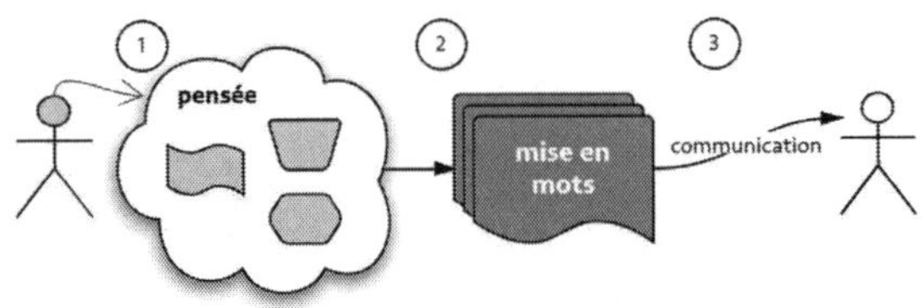

Au XVIIe siècle, **les jansénistes de Port-Royal**, notamment

Antoine Arnauld (1612-1694) et Pierre Nicole (1625-1695), ont fortement contribué à propager cette conception du langage. Selon eux, **le langage n'est nécessaire à l'expression des pensées que pour les faire partager à ses semblables**. Autrement dit, nous pouvons considérer les idées en elles-mêmes, sans les revêtir d'aucune parole, mais, dès lors que nous voulons les transmettre à autrui, il faut recourir au langage.

Les philosophes jansénistes distinguent **deux types d'idées** dans la pensée, qui ne peuvent être partagées de manière similaire :

- **les idées innées** (présentes en nous dès notre naissance), comme les idées de mouvement, de cause, etc. Leur communication ne pose pas de difficulté, il suffit d'utiliser le langage ordinaire ;
- **les idées obscures ou confuses**, qui touchent aux objets sensibles ou à la morale, comme les idées de froid et de chaud, de générosité, etc. Celles-ci ne peuvent être transmises par le langage ordinaire : il convient dès lors d'inventer une langue particulière, appelée « logique », afin de pouvoir les transmettre dans le dialogue avec le plus de clarté possible. C'est l'objectif assigné à la *Logique de Port-Royal* d'Arnauld et Nicole.

à l'absolutisme royal. Nombre de ses partisans célèbres (comme Blaise Pascal) se sont retrouvés à l'abbaye de Port-Royal où ils ont produit une importante œuvre théologique et philosophique.

L'interdépendance du langage et de la pensée ***

Nombreux sont ceux qui, dans l'histoire de la philosophie, ont critiqué cette conception instrumentale du langage. Déjà au XVIIIe siècle, **Étienne Bonnot de Condillac** (1715-1780) émet des réserves quant à la théorie du langage instrument ou vêtement de la pensée.

Celui-ci fait remarquer, dans son *Essai sur l'origine des connaissances humaines* (1746), que deux personnes peuvent s'accorder sur un énoncé qui a pourtant un sens différent pour chacune d'elles. Cela suggère qu'**on ne peut pas remonter d'une parole à une pensée qui la précèderait**. En effet, nous n'avons pas d'autre moyen de nous assurer de nos pensées que de les exprimer par le langage. Ainsi nous ne sortons jamais du langage.

Comme l'explique **Maurice Merleau-Ponty** (1908-1961), **ce n'est pas avec les mots que nous pensons, mais bien dans les mots**. Nos pensées ne sont rien d'autre que du langage et, réciproquement, le langage n'est que de la pensée, de la pensée telle qu'elle se construit en moi (citation 6). Est-ce à dire que tout en moi est langage, qu'il n'y a rien qui y résiste et qu'il ne résiste à rien ?

Général et particulier : le paradoxe du langage ***

Penser, c'est aussi sentir et ressentir. Or les sentiments et les sensations existent sans le langage. De plus, en disant ce que l'on voit ou ce que l'on sent, on perd toujours quelque chose de notre expérience première. Mais pourquoi cela ?

Rousseau répond à cette question dans son *Essai sur l'origine et les fondements de l'inégalité parmi les hommes* (1755) : **ce que nous vivons et sentons est essentiellement individuel et particulier alors que les mots sont généraux et collectifs** (citation 7). Pour prendre la mesure de ce défaut du langage, il suffit de voir comme il est difficile de parler à quelqu'un de telle feuille sur un arbre sans la lui montrer. Les sentiments et les sensations sont uniques, irréductibles et particuliers : en les nommant, on les fait entrer dans une classe et, par là même, on les dénature puisqu'on fait abstraction de ce qu'ils ont de particulier. Dès lors, à peine a-t-on reconnu le sentiment qui nous habite, comme de la tristesse, qu'il n'est déjà plus tout à fait notre tristesse.

Ce premier paradoxe se double d'une seconde contradiction liée plus directement à la communication. Par l'expression, on peut simplement inviter l'autre à prendre connaissance de notre sentiment, de ce que l'on vit : c'est la **fonction indicative du langage**. Mais l'indication, du fait même du caractère général des mots, **barre l'accès au propre de notre conscience**. Ainsi, on ne peut jamais représenter notre vie psychique ou la donner à vivre à celui qui nous écoute. C'est bien pour cela qu'on lui parle, mais ce faisant, on l'empêche de partager notre état mental.

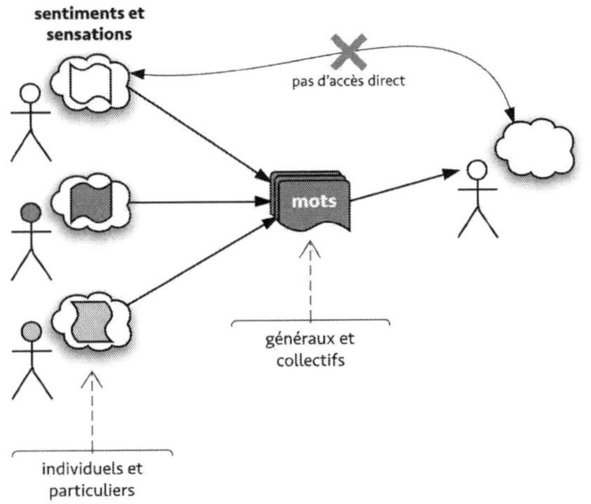

Langage et philosophie *

Le langage est un objet d'étude particulier pour la philosophie qui est une discipline littéraire, c'est-à-dire une discipline qui se fait avec et par les mots. Pour le philosophe, le langage est à la fois instrument de recherche et objet d'étude.

John Langshaw Austin (1911-1960) pense que **la meilleure façon d'aborder le réel est de se laisser guider par le langage ordinaire**. Bien sûr, il n'est pas question de le suivre passivement, mais plutôt de prendre conscience du fait que le réel ne se laisse jamais atteindre directement : il faut donc obligatoirement passer par l'intermédiaire du langage.

Dès lors, il s'agit d'observer les expressions courantes en ce qu'elles incarnent les distinctions et les classements que les hommes ont effectués de génération en génération. Le langage est alors un outil pour le philosophe.

Dans certaines de ses conférences, Austin étudie plus spécialement le langage pour lui-même. Le moyen de la recherche philosophique devient ainsi l'objet d'étude de la philosophie.

Dans *Quand dire, c'est faire* (1962), Austin établit une **distinction entre** :

- **l'énonciation constative**, à savoir l'affirmation classique qui consiste la plupart du temps en une description vraie ou fausse des faits ;
- **l'énonciation performative**, qui permet d'accomplir une action par la parole elle-même. Quand on dit « je te promets », on fait une promesse, et c'est la parole du maire, « je vous déclare mari et femme », qui réalise le mariage.

Rien du point de vue de la grammaire ou de la syntaxe ne permet de distinguer les deux formes d'énonciation. **C'est le concours d'autre chose que le langage lui-même qui donne aux paroles leur valeur performative** : il faut prendre en compte le contexte et les circonstances.

EN RÉSUMÉ

Pour beaucoup de philosophes, et en particulier pour **Descartes**, le langage de l'homme se distingue du langage de l'animal, car il est le signe de sa faculté de penser. Si les animaux peuvent communiquer ou prononcer des sons articulés, seuls les hommes sont capables d'inventer des signes et de les utiliser à l'infini.

Saussure est le premier à tenter d'expliquer scientifiquement comment fonctionne le langage humain. Celui-ci est constitué de signes qui associent un signifiant et un signifié. Les signes linguistiques, qui n'ont de sens que les uns par rapport aux autres, sont arbitraires et immuables.

Une langue ne se contente pas de reproduire un monde qui serait ordonné antérieurement à elle, soulève **Martinet**, elle est plutôt une mise en forme de la réalité, garantissant par là même la communication au sein d'une société donnée.

Contre la conception instrumentale du langage qui veut que la pensée précède sa mise en forme par les mots, **Merleau-Ponty** montre qu'il n'y a pas de pensée sans langage. La pensée est toujours déjà langage, elle se construit dans et par le langage.

Malgré cela, deux paradoxes viennent limiter le pouvoir des mots. D'une part, comme l'explique **Rousseau**, les mots sont toujours généraux et collectifs quand les objets de la nature et surtout les sentiments sont irréductiblement particuliers. Dès lors, parler c'est perdre la dimension inédite de l'expérience première. D'autre part, indiquer à autrui cette expérience, c'est en même temps l'empêcher de la partager dans son authenticité.

Votre avis nous intéresse !
Laissez un commentaire sur le site de votre librairie en ligne
et partagez vos coups de cœur sur les réseaux sociaux !

POUR ALLER PLUS LOIN

- ARNAULD (Antoine) et NICOLE (Pierre), La Logique ou l'Art de penser, Paris, Charles Savreux, 1662.
- AUSTIN (John Langshaw), Quand dire, c'est faire, traduction de Gilles Lane, Paris, Seuil, 1970.
- BENVENISTE (Émile), Problèmes de linguistique générale, Paris, Gallimard, 1976.
- BERGSON (Henri), Essai sur les données immédiates de la conscience, Paris, PUF, 1988. Voir en particulier le chapitre 2.
- CHOMSKY (Noam), Le Langage et la Pensée, traduction de Louis-Jean Calvet et de Claude Bourgeois, Paris, Payot, 2009.
- CONDILLAC (Étienne Bonnot de), Essai sur l'origine des connaissances humaines, Paris, Vrin, 1972.
- DESCARTES (René), Œuvres et Lettres, Paris, Gallimard, 1953. Voir le Discours de la méthode et les Lettres au marquis de Newcastle.
- FRISH (Karl von), Vie et Mort des abeilles, traduction d'André Dalcq, Paris, Albin Michel, 1953.
- LOCKE (John), Essai sur l'entendement humain, traduction de Philippe Hamou et Pierre Coste, Paris, Vrin, 1972.
- MARTINET (André), Éléments de linguistique générale, Paris, Armand Colin, 1960.
- MERLEAU-PONTY (Maurice), Signes, Paris, Gallimard, 1960.
- MONTAIGNE (Michel de), Essais, tome 2, Paris, Gallimard, 1950.
- PLATON, Gorgias, Paris, Hatier, 2000.

- PLATON, *Cratyle*, traduction de Catherine Dalimier, Paris, GF-Flammarion, 1999.
- ROUSSEAU (Jean-Jacques), *Discours sur l'origine et les fondements de l'inégalité parmi les hommes*, Paris, Gallimard, 1969.
- ROUSSEAU (Jean-Jacques), *Essai sur l'origine des langues*, Paris, Gallimard, 1990.
- SAUSSURE (Ferdinand de), *Cours de linguistique générale*, Paris, Payot, 1969.

TESTEZ VOS CONNAISSANCES !

ASSOCIEZ CHAQUE CITATION À L'EXPLICATION QUI LUI CORRESPOND.

Citations

- **Citation 1 :** « [...] il n'y a point d'hommes si hébétés et si stupides [...] qu'ils ne soient capables d'arranger ensemble diverses paroles, et d'en composer un discours par lequel ils fassent entendre leurs pensées ; [...] il n'y a point d'autre animal, tant parfait et tant heureusement né qu'il puisse être, qui fasse le semblable. » (DESCARTES R., DISCOURS DE LA MÉTHODE, partie V, in *Œuvres et Lettres*, Paris, Gallimard, 1953)
- **Citation 2 :** « [...] les premiers motifs qui firent parler l'homme furent ses passions [...]. Le langage figuré fut le premier à naître » (ROUSSEAU J.-J., *Essai sur l'origine des langues*, Paris, Gallimard, 1990, chapitre III)
- **Citation 3 :** « Si par rapport à l'idée qu'il représente, le signifiant apparaît comme librement choisi, en revanche, par rapport à la communauté linguistique qui l'emploie, il n'est pas libre, il est imposé. » SAUSSURE F. (de), *Cours de linguistique générale*, Paris, Payot, 1969, partie I, p. 104)
- **Citation 4 :** « En fait, à chaque langue correspond une organisation particulière des données de l'expérience. Apprendre une autre langue ce n'est pas mettre de nouvelles étiquettes sur des objets connus, mais s'habituer à analyser autrement ce qui fait l'objet de communications linguistiques. » (MARTINET A., *Éléments de linguistique générale*, Paris, Armand Colin, 1960, p. 15)

- **Citation 5 :** « [...] la rhétorique fait œuvre de persuasion, et [...] toute son action et son objectif essentiel se ramènent à cela. » (PLATON, *Gorgias*, Paris, Hatier, 2000, p. 19)
- **Citation 6 :** « Pensée et parole s'escomptent l'une l'autre. Elles se substituent continuellement l'une à l'autre. Elles sont relais, stimulus l'une pour l'autre. Toute pensée vient des paroles et y retourne, toute parole est née dans les pensées et finit en elles. » (MERLEAU-PONTY M., *Signes*, Paris, Gallimard, 1960, p. 32)
- **Citation 7 :** « Essayez de vous tracer l'image d'un arbre en général, jamais vous n'en viendrez à bout, il vous faudra le voir petit ou grand, rare ou touffu, clair ou foncé, et s'il dépendait de vous de n'y voir que ce qui se trouve en tout arbre, cette image ne ressemblerait plus à un arbre. » (ROUSSEAU J.-J., *Discours sur l'origine et les fondements de l'inégalité parmi les hommes*, Paris, Gallimard, 1969, p. 147)

Explications

- Explication a : le langage est un intermédiaire entre les évènements de notre existence et l'observation que nous pouvons en faire. Si nous n'analysons pas le langage, ces évènements nous restent imperceptibles.
- Explication b : les mots sont des concepts qui ne font que regrouper sous des caractéristiques générales les objets de la nature qui sont toujours particuliers et irréductibles à leur concept.
- Explication c : nous ne pouvons penser sans le langage. La pensée se construit par un travail langagier. C'est pourquoi le sens d'une pensée n'est nulle part ailleurs

que dans la parole qui l'exprime.

- Explication d : chaque langue reflète une conception particulière de la réalité. Pour apprendre une langue étrangère, on ne peut donc pas se contenter d'étudier la traduction des mots, il faut apprendre la structure de pensée qui correspond à cette nouvelle langue.
- Explication e : les signes linguistiques sont à la fois arbitraires et immuables, c'est-à-dire qu'ils ne peuvent être modifiés.
- Explication f : le langage n'est pas nécessaire pour exprimer les besoins naturels des hommes, mais bien pour rendre compte de la complexité de ses sentiments.
- Explication g : les animaux, de même que les machines, peuvent bien, grâce à certains organes, prononcer des paroles. Pour autant, il n'est pas vrai qu'ils possèdent le langage au même titre que les hommes.
- Explication h : le pouvoir des mots réside dans leur capacité de persuasion.
- Explication i : à la différence du langage de l'homme, le langage animal est un moyen au service de finalités biologiques. Le but est de communiquer en vue de se reproduire, de se nourrir ou de survivre à un prédateur.
- Explication j : la majorité des conflits et des guerres est liée au fait que les hommes ne s'accordent pas sur le sens des mots. La création d'une langue universelle serait donc source de paix.

CHOISISSEZ UN SUJET BAC ET CONSTRUISEZ LE PLAN DE VOTRE DISSERTATION EN Y ASSOCIANT, SI POSSIBLE, CERTAINES DES CITATIONS ET DES EXPLICATIONS REPRISES CI-DESSUS.

- Le langage trahit-il la pensée ? (bac L 2009)
- Le langage ne sert-il qu'à communiquer ? (bac L 2005)
- La diversité des langues est-elle un obstacle à l'entente entre les peuples ? (bac S 2002)
- Y a-t-il une pensée sans langage ? (bac L 2012)
- Le langage détermine-t-il notre rapport au réel ? (bac L 2012)
- Faire usage du langage, est-ce renoncer à la violence ? (bac L 2008)
- Y a-t-il quelque chose que le langage ne puisse dire ? (bac ES 2008)
- La parole peut-elle être un instrument de domination ? (bac ES 2008)
- Qu'est-ce que comprendre autrui ? (bac ES 2004)
- La philosophie peut-elle se satisfaire du langage ordinaire ou bien doit-elle inventer une langue savante ?

Rendez-vous sur lepetitphilosophe.fr et découvrez :

Plus de 1200 analyses
Claires et synthétiques
Téléchargeables en 30 secondes
À imprimer chez soi

www.lepetitphilosophe.fr

ISBN version numérique : 978-2-8062-4453-6
ISBN version papier : 978-2-8062-4430-7
Dépôt légal : D/2017/12603/584

Schémas réalisés par Alberto Molina Pérez,
doctorant en philosophie des sciences
(Université Paris I-Panthéon-Sorbonne)

Conception numérique : Primento,
le partenaire numérique des éditeurs.

Made in the USA
Monee, IL
08 July 2026